INVENTAIRE

Yf10.742

I0233391

LA QUESTION

THÉATRALE

——∞⊗∞——

EXTRAIT

DU

PHARE DE LA LOIRE

(19 janvier et 12 février 1875)

PAR

EVARISTE MANGIN ET EDOUARD GARNIER.

————●————

NANTES,
Imprimerie Ev. Mangin & Giraud.
1875.

Y+

QUESTION
THÉATRALE

---oo⚘oo---

EXTRAIT

DU

PHARE DE LA LOIRE

(19 janvier et 12 février 1875)

PAR

EVARISTE MANGIN ET EDOUARD GARNIER.

---⟨o⟩---

NANTES,

Imprimerie Ev. Mangin & Giraud.

1875.

Yf 10742

QUESTION THÉATRALE.

Nous sommes un peuple artiste. Le goût
français se révèle en toutes choses et s'im-
pose victorieusement au reste du monde
par sa flexibilité et sa délicatesse. Nous
parlons du vrai goût et non du faux dont
nous dirons deux mots tout à l'heure.
Aller contre le sentiment littéraire et musical qui attire tous les esprits curieux et
intelligents vers le théâtre, sans distinc-
tion de classe et de fortune, c'est aller
contre un courant conforme à notre génie
national. Ce génie multiple anime d'un
souffle généreux les formes également
variées de la pensée humaine ; nous lui
devons beaucoup déjà, nous en attendons
beaucoup encore, et si le culte qu'on lui

rend venait à disparaître, ce serait un malheur public.

De toutes les distractions qui peuvent s'offrir à des masses d'individus réunis, le théâtre est la meilleure. Les fictions qu'on y déroule, les paroles qu'on y prononce frappent plus l'imagination qu'aucun texte. Là, tout concourt à exciter l'attention. On se souvient longtemps de ce que l'on a vu et entendu, tandis qu'on oublie vite ce que l'on a lu seulement. Aussi est-il certain que les œuvres représentées sont seules vivantes. Combien de chefs-d'œuvres enfermés dans les bibliothèques restent oubliés ou mal connus ? La scène seule permet d'apprécier en pleine connaissance de cause et de sentir les beautés des productions de nos grands maîtres, poètes ou musiciens. Comment donc hésiterait-on à reconnaître la nécessité de ne point délaisser un si puissant moyen d'action intellectuelle ?

Nous savons ce qu'on nous répondra ; le répertoire exploité le plus ordinairement à Nantes, l'opérette et le gros drame ne sont guère propres à former de bons esprits, à inspirer de nobles pensées. Mais c'est justement parce que l'état présent des choses est déplorable, parce que le théâtre est ici en pleine décadence que nous prenons la plume. Il s'agit de réformer ce qui doit l'être, et d'encourager ce qu'il faut encourager. C'est pour les manifestations sérieuses de l'art, pour un théâtre soumis à des règles sévères que nous demandons une protection efficace.

Le moment est venu de l'accorder.

Le public a été mis au régime des cascades lyriques et des œuvres dramatiques d'un ordre inférieur.

La troupe du Grand-Théâtre est incomplète ; mus par une louable pensée, nos artistes ont cependant joué, l'autre soir, *Tartufe*, pour fêter l'anniversaire de la naissance de Molière. Malgré les efforts de M. Longpré, encore malade, de M. Frespech, très dispos, et malgré les aspirations comiques de M. Dumay, l'ensemble a été des plus faibles. Jamais nous n'avons mieux apprécié la force de cette pièce, qui, malgré bien des hésitations et bien des défaillances, a produit un immense effet. Jamais, en outre, nous n'avons plus amèrement regretté l'époque où la comédie ancienne et moderne trouvait à Nantes des interprètes distingués, dans tous les emplois.

Ce sentiment a été celui des vieux habitués de la salle Graslin.

Ils ne sont plus nombreux maintenant.

Le régime actuel les a éloignés de l'ancien temple où ils adoraient l'art. Plus d'opéra, plus de comédie fermement représentés selon les bonnes traditions, plus de début, en dépit d'un arrêté de la dernière mairie dont on n'a tenu et dont on ne pouvait tenir aucun compte, dans un théâtre privé de subsides suffisants.

Les honnêtes bourgeois de la ville n'ont plus même la ressource d'aller entendre en plein vent les motifs des opéras qu'ils aimaient, joués par une musique militaire. Les régiments en garnison à Nantes n'ont pas de musique.

Le conservatoire, relégué dans un bouge, ne peut préparer des auditions intéressantes. Les cours s'y font péniblement, les élèves hésitent à s'y hasarder et si les choses devaient continuer ainsi, le découragement s'emparerait bientôt des professeurs.

Bref, le public s'ennuie et s'impatiente. Il se demande quand ces privations beau-

coup trop longtemps prolongées prendront
fin et quand notre excellente cité cessera
de ressembler, sous le rapport théâtral et
lyrique, à un immense Fouillie-les-Oies et
à une petite Béotie.

L'opinion générale est que cela ne saurait durer, qu'il y a une initiative à prendre et qu'il appartient à la municipalité
nouvelle de la prendre en effet.

Tout centre intellectuel a droit de bénéficier, d'ailleurs, dans une juste mesure,
des sacrifices faits par l'Etat pour conserver à la France une suprématie que nul ne
lui conteste.

Le conservatoire de Paris forme des
compositeurs, des instrumentistes, des
comédiens et des chanteurs.

Quarante millions viennent d'être consa-
crés à la construction de l'Opéra.

Cette scène fastueuse, l'Opéra-Comique,
le Théâtre-Français et l'Odéon sont sub-
ventionnés.

Dans quel but tout cela ? Dans le but
de conserver nos grandes traditions litté-
raires et musicales, d'avoir des maîtres
nouveaux, des interprètes de leurs œuvres
et des œuvres d'autrefois.

Or, nous payons des impôts sur lesquels on prélève le traitement des professeurs et des sommes allouées aux grandes scènes de Paris.

Nantes est la capitale de l'Ouest et nous n'aurions jamais la satisfaction d'entendre les œuvres les plus importantes du répertoire imposé à ces scènes ?

Ce serait profondément injuste.

Une certaine centralisation d'une portion considérable de notre argent à Paris, pour soutenir l'éclat des manifestations de l'art français est admise, mais la centralisation des plaisirs de l'esprit dans la capitale crierait vengeance.

La ville de Nantes dispose heureusement des moyens de l'empêcher. Il ne lui manque en somme que la volonté d'user de ces moyens.

Un théâtre comme le nôtre devrait être ce qu'il a été déjà : une école musicale et dramatique pour les artistes les plus studieux et les mieux doués de la province ; une pépinière pour les théâtres parisiens.

L'excès de la centralisation conduirait à la décadence.

Paris n'est pas la France et nous voulons avoir notre part des bienfaits résultant de l'organisation très large et très coûteuse dont nous faisons pour un peu les frais. Il importe que Nantes réunisse dans une même salle l'opéra et la comédie française, parce que c'est une grande ville française, une ville riche et intelligente où le goût des belles choses n'est point perdu, tant s'en faut.

Pour cela que doit-on faire?

Antérieuremeut aux études publiées de divers côtés et dont il y a lieu de tenir grand compte, nous l'avons dit déjà sommairement. Nous allons aujourd'hui, sans phrase, préciser les choses, en donnant à nos idées, qui sont au fond déjà admises en principe pour la plupart, par le public et par la mairie, la forme d'un projet de résolution :

1. La ville accorde la jouissance gratuite du Grand-Théâtre à un directeur responsable, pendant toute l'année 1875-76;

2. Elle lui accorde, en outre, pendant un nombre de mois à déterminer, la jouissance gratuite du Théâtre de la Renaissance ;

3. Les décors et les costumes de ces deux scènes seront pendant ce temps à la

disposition du directeur, avec les partitions, etc.;

4. L'éclairage de la salle Graslin sera à la charge de la ville ;

5. La ville paiera le peintre décorateur ;

6. Les chœurs et l'orchestre seront payés toute l'année par la ville ;

7. Le directeur devra déposer dans la caisse municipale un cautionnement de vingt-cinq mille francs ;

8. Ce cautionnement ne lui sera remboursé qu'à la fin de la campagne théâtrale, sous les réserves qui seront spécifiées plus loin ;

9. La campagne obligatoire du Grand-Théâtre s'ouvrira le 1er septembre pour finir le 30 avril ;

10. Les genres exploités pendant cette campagne seront l'opéra, avec divertissements, l'opéra-comique, la comédie et le drame littéraire ;

11. Le tableau de la troupe sera dressé par la mairie sur des modèles empruntés aux prospectus publiés par les directeurs qui ont laissé les meilleurs souvenirs artistiques à Nantes : MM. Lafeuillade, Tilly, etc.;

Le directeur devra donner des titulaires pour tous les emplois ;

12. Les artistes feront trois débuts.

13. Les abonnés à l'année, munis d'une quittance en règle, auront seuls de droit de prendre part au scrutin qui sera ouvert pour la réception ou le rejet ;

14. Les artistes refusés seront remplacés dans un délai de 15 jours, sous peine d'une amende de cinquante francs par jour de retard ;

15. La direction devra donner dix-huit représentations d'opéra ou d'opéra-comique par mois ;

16. Chaque représentation manquante motivera une amende de cent francs ;

17. Une commission de dix membres sera instituée pour surveiller uniquement l'exécution du cahier des charges et pour empêcher que des personnes non abonnées prennent part aux scrutins.

Cette commission se composera :

D'un adjoint au maire ; de trois membres du conseil municipal, du directeur du Conservatoire de Nantes, du président de la Société des Beaux-Arts et de quatre abonnés à l'année, élus par les autres abonnés à l'année, dans la première huitaine de chaque campagne.

18. Si à la fin des huit mois d'exploitation du Grand-Théâtre, des amendes sont à payer par le directeur et s'il doit une indemnité pour dégâts provenant de son fait, le montant de ces amendes et de ces indemnités sera prélevé sur le cautionnement. En cas de faillite, le surplus sera mis à la disposition des artistes de la troupe seulement, pour le paiement exclusif de la totalité ou d'une partie des sommes qui leur seront dues, d'après les engagements à produire ;

19. Le directeur aura la faculté de faire jouer, par son personnel, l'opérette, le vaudeville et le drame à la Renaissance ; il pourra, lorsque la présence d'artistes en représentation entraînera des frais exceptionnels, y faire jouer l'opéra, l'opéra-comique et la comédie ;

20. Il est autorisé à donner, le dimanche des représentations et des concerts populaires de jour, soit au Grand-Théâtre, soit à la Renaissance, en disposant de tout son personnel, des chœurs et de l'orchestre ;

21. Pour les cérémonies publiques, la ville disposera, sans indemnité du Grand-Théâtre et de la Renaissance ;

22. La ville se réserve, de plus, le droit de les louer à tel ou tel entrepreneur de spectacle qui lui conviendra, pendant les mois où le directeur responsable croira ne pas devoir les exploiter.

23. La ville pourra faire entendre les chœurs et l'orchestre dans toutes les circonstances qu'elle jugera convenables, soit au théâtre Graslin, soit à la Renaissance, soit ailleurs, sauf les soirs où auront lieu des représentations au Grand-Théâtre, conformémeni au cahier des charges.

24. — Le directeur conserve toutefois la faculté exclusive d'accorder, moyennant finances ou gratuitement, le concours des chœurs et de l'orchestre, soit à un artiste soit à une société, pour des concerts, payants.

Ces dispositions paraîtront à quelques-uns bien minutieuses et bien dures ; elles nous ont été dictées par l'expérience. Nous sommes partisans d'une subvention en nature, voire même d'une extension des secours qu'il s'agit d'accorder au théâtre, mais nous en sommes partisans tout à fait conditionnellement. On a vu des directeurs s'appliquer à mystifier le public, à tromper la surveillance de l'administration, à abuser de sa bonhomie, à faire du cabotinage, quand ils devaient faire de l'art. Ces exemples doivent nous servir de leçons. Que le directeur futur ait les mains libres pour diriger honnêtement sa barque dans les bons parages, mais qu'il ne puisse se moquer des gens et naviguer en vrai corsaire, comme cela s'est vu.

On répondra : vous cherchez un phénix, un homme introuvable. Personne ne remplira les conditions indiquées plus haut. Eh bien ! s'il ne se présente aucun administrateur sérieux pour les accepter, qu'on abandonne le théâtre à son malheureux sort !

Mais nous disons :

> Il s'en présentera, gardez-vous d'en douter !

Et nous ajoutons que la création des chœurs et de l'orchestre municipaux assurerait la marche des choses, même en cas de maladresse et d'insuccès du directeur, car, disposant de ces précieuses ressources, les artistes formeraient alors une société, pour continuer l'exploitation.

Il nous paraît indispensable d'aller encore au-devant de certaines objections.

On ne manquera pas de prétendre qu'aux temps lointains rappelés par nous, les prétentions des artistes lyriques étaient moins élevées qu'elles ne le sont à présent. C'est incontestable. Mais, les prétentions des ar tistes de la comédie étaient plus hautes, la subvention peu considérable et le prix des places très bas.

En 1844, M. Tilly prit la direction, avec 10 mille francs de subvention seulement. (1) La troupe comprenait : Pour l'opéra : un premier ténor sérieux, un premier ténor léger, un deuxième ténor léger, un Philippe, fort premier ténor, deux troisièmes ténors, un baryton de grand opéra, un baryton d'opéra-comique, une première basse noble, une deuxième basse, une troisième basse, un ténor comique, un ténor grime, un deuxième ténor comique,

---

(1) La salle Graslin venait d'être reparée, la campagne ne commença qu'en novembre. M. Tilly conserva la direction pendant les deux années suivantes. Il n'obtint pour chacune de ces deux années que 32,000 francs de subvention. Ce fut M. Tilly qui engagea deux artistes dont le nom rappelle de grands succès, M. Duluc, premier ténor, et M\ue Masson, première chanteuse.

un troisième ténor comique, une forte première chanteuse, une première chanteuse légère, une première dugazon, une seconde dugazon, une duègne, quatorze choristes hommes et dix-huit femmes, quarante-deux musiciens.

Il y avait un divertissement avec trois danseurs et trois danseuses.

La troupe de comédie comprenait : un premier rôle, un jeune premier rôle, un amoureux, un raisonneur, un financier, un premier comique, un deuxième et premier comique, un comique grime, un deuxième comique, une femme jeune premier rôle, un grand premier rôle, une soubrette, une ingénuité, une deuxième amoureuse, une duègne mère noble, une duègne caractère, etc.

Il faudrait de plus, maintenant, dans l'opéra, une chanteuse contralto et une basse chantante, en raison des nouveaux éléments du répertoire.

On se passerait à la rigueur, en revanche, d'un baryton spécial pour l'opéra-comique.

Le premier comique de la troupe de M. Tilly était, en 1844, M. Got, aujourd'hui sociétaire du Théâtre-Français.

On payait pour aller au parterre, 1 fr. 50, au lieu de 2 francs, pour aller aux fauteuils des premières de côté, 3 francs, au lieu de 4 francs.

Les différences actuelles en plus sont notables et se font sentir dans le total des recettes.

Il est bien certain que si l'on offrait une bonne troupe et de bonnes représentations au public, il paierait très volontiers maintenant jusqu'à cinq francs chaque fauteuil de face.

On nous demandera probablement pourquoi les seuls abonnés à l'année auraient le droit de recevoir ou de repousser les débutants.

En bonne demande, ces abonnés seront plus portés que le spectateur passager ou l'abonné au mois à se montrer sévères et à constituer une troupe convenable.

Dans un passé assez récent, il est arrivé que le directeur faisait voter des abonnés postiches, qu'on ne revoyait pas, après les débuts. C'étaient ses amis, ses compagnons de plaisir, ses fournisseurs, ses créanciers, etc.

Les votants en question faisaient pencher la balance en faveur des médiocrités recommandées à leur bienveillance, croyaient

ainsi servir les intérêts du théâtre et com-
promettaient tout.

Il est donc indispensable qu'on se tienne
en garde contre le retour possible de
pareils abus.

Peut-être n'est-il pas inutile d'insister
en passant sur le parti que le directeur
du Grand-Théâtre pourrait tirer de la
Renaissance. M. Tilly disposait seulement
de la salle Graslin lorsqu'il fit entendre à
Nantes Listz, Thalberg et Rachel. S'il avait
pu réunir 3,000 personnes dans une en-
ceinte comme celle du théâtre de la place
Brancas, sa joie eut été grande alors. Sup-
posons que Mme Miolan, ou Mlle Krauss,
ou Mme Nilsson, ou Mme Patti, ou Faure,
ou les interprètes italiers de la messe de
Verdi, ou des artistes du Théâtre-Français
puissent nous consacrer une ou deux soi-
rées, la Renaissance sera là, pour per-
mettre de réaliser de gros bénéfices, sans
un accroissement excessif du prix des
places. Et puis, avec l'orchestre et les
chœurs municipaux, le même directeur du
Grand-Théâtre monterait à peu de frais,
pendant l'été, des pièces à grands specta-
cles : comme le *Tour du Monde*, de notre
compatriote M. Jules Verne, par exemple,
Cendrillon, etc.

Bien des combinaisons se lient à notre projet.

Pour le rendre tout à fait populaire, on pourrait décider que les représentations de jour à donner le dimanche se composeront d'œuvres choisies, que le prix des places serait minime, et pour qu'elles aient comme à Paris le caractère d'un enseignement, on pourrait confier à un professeur de l'école municipale des sciences, ou à tout autre, le soin de f ire sur l'œuvre principale une conférence préalable et explicative.

Nous voudrions qu'on donnât enfin à la Renaissance, dans les mêmes conditions, au moins deux représentations gratuites par an.

Nous n'avons pas fini.

Pourquoi n'imposerait-on pas au directeur l'obligation de faire représenter chaque année une œuvre lyrique et une œuvre dramatique inédites, reçues par une commission spéciale, à la suite d'un appel fait aux auteurs ?

Ce serait là une excellente initiative, une honorable innovation, dans le sens de la décentralisation théâtrale.

Il y aurait plusieurs partis excellents à tirer de l'orchestre (1).

D'abord, on pourrait prier les solistes de consacrer quelques heures par semaine au conservatoire.

De cette façon, les classes instrumentales absentes seraient créées en même temps que l'orchestre municipal.

Installé à la Renaissance, avec un théâtre, où pourraient s'essayer les chanteurs et les instrumentistes, cet établissement n'aurait plus besoin, pour être complet et pour former des artistes dans tous les genres, que d'un professeur de déclamation. Or, le théâtre sérieusement exploité le fournirait à coup sûr.

Les simples promeneurs ne sont pas oubliés dans les combinaisons dont on s'occupe.

Ainsi, on proposerait de construire un

---

(1) On ne doit pas perdre de vue que nous parlons ici de l'orchestre tel qu'il devra être reconstitué. Dans l'état présent des choses, son habile chef, M. Bernier, ne dispose que de ressources insuffisantes. Les preuves de talent que cet artiste a données pendant une belle campagne lyrique d'été, sous la direction intelligente de M. Desfossez, nous autorisent à croire que M. Bernier tirerait un excellent parti d'un orchestre plus complet.

kiosque au milieu du Jardin-des-Plantes ; le dimanche, en été, les quarante musiciens de l'orchestre municipal s'y feraient entendre. Ce serait une imitation heureuse des concerts des Champs-Elysées, sans préjudice des concerts classiques qu'il serait très facile de donner à la Renaissance, en empruntant les programmes des concerts de M. Pasdeloup.

Avec du temps et de l'étude, on arriverait à tout cela.

Certes, la ville n'aurait point à regretter son argent, si les sacrifices qu'elle s'imposerait donnaient de pareils résultats. Tout lui commande de tenter un essai. Il y a des bonnes volontés toutes prêtes, et le Conseil municipal peut être certain que la masse des contribuables, loin de l'accuser de prodigalité, lui saurait gré de tenter enfin d'arracher la ville à l'ennui et à la tristesse dont elle souffre, jusque dans ses intérêts. Car une ville où chacun reste chez soi, où le mouvement public va diminuant, manque de la vitalité qui est une source de richesse.

EVARISTE MANGIN.

QUESTION THÉATRALE.

I

La question de l'organisation d'un Orchestre et de Chœurs municipaux touche trop directement aux intérêts de l'art pour que nous restions indifférent et que nous ne considérions pas comme un devoir d'intervenir, à notre tour, dans le débat présent.

D'ailleurs, il paraît assez naturel que les questions musicales soient traitées par des musiciens. Or, parmi les très honorables membres du Conseil municipal, — tous animés des meilleures intentions et ayant sans doute à un haut degré l'amour et le respect de l'art, — nous ne voyons aucun spécialiste, aucun véritable musicien. L'esprit humain, certes, peut envisager bien des aspects à la fois, mais, en définitive, les gens du métier seront toujours autorisés à émettre une opinion sur les choses qui leur sont familières.

Nous croyons fermement qu'il existe des raisons excellentes à faire valoir en faveur d'un orchestre et de chœurs constitués par la ville.

Nantes a possédé un bon orchestre. Ce fut une grave imprudence de la part de l'administration municipale de laisser se dissoudre un corps qui représente l'une des forces moralisatrices de la cité. Nous comprenons qu'elle n'ait pas voulu continuer à s'imposer les tracas d'une direction théâtrale, mais elle aurait dû sauvegarder, au moins, l'organisation de l'orchestre et des chœurs.

Nous n'assisterions pas aux embarras, aux misères honteuses d'aujourd'hui, si, par suite du manque de protection pécuniaire, et de contrôle efficace, les précieux et indispensables éléments de l'orchestre n'avaient pas été laissés à la discrétion du premier directeur venu, c'est-à-dire d'un industriel quelconque, indifférent en matière d'art, mais fort soucieux de ce qu'il croyait être son intérêt personnel et qui a pu, à son gré, les mutiler ou les détruire.

Sans cette admirable réunion de tous les instruments qui forme et s'appelle l'orchestre, rien de saillant, d'heureux, de bon n'est possible au théâtre. Nos orchestres modernes expriment les passions, les sentiments les plus divers ; la nature y fait entendre toutes ses voix. Les beaux effets qu'on trouve dans les grandes œuvres dramatiques ne sont-ils pas le résultat d'un orchestre puissant, habile, exercé et mis en œuvre par le génie méditatif ou inspiré ?

Disons avec Hector Berlioz, à qui nous empruntons quelques-unes des expressions de son remarquable Traité d'Instrumentation, ce qu'est le bon orchestre et l'immense influence qu'il exerce. En lui résident une richesse harmonique, une variété de timbres, une succession de contrastes que rien ne saurait remplacer et par-dessus tout une incalculable puissance mélodique, expressive et rhythmique, une force pénétrante à nulle autre pareille, une sensibilité prodigieuse pour les nuances d'ensemble et de détail. Son repos est majestueux comme le sommeil de l'Océan ; ses agitations rappellent l'ouragan déchaîné ; ses

accents sont joyeux ou sombres ; on y re-
trouve les plaintes touchantes, les murmures légers ou les bruits retentissants,
les sensations affectives et mystérieuses,
les images confuses et fugitives, les cla-
meurs, les prières, les chants de triomphe
ou de deuil d'un peuple au cœur ardent,
aux fougueuses passions ; son silence im-
pose la crainte par sa solennité et les or-
ganisations les plus rebelles frémissent
lorsque son *crescendo* grandit en rugis-
sant comme un immense et sublime incen-
die.

C'est ce magnifique orchestre aux voix
multiples, aux timbres saisissants que nous
ambitionnons pour Nantes et qui, seul, rendra praticables toutes les interprétations
et les combinaisons de l'art musical.

Par contre, l'orchestre mauvais ou *incom-
plet* gâte, ruine, paralyse tout. Avec lui,
les plus excellents chanteurs sont gênés
et engourdis ; il n'y a plus ni verve ni
ensemble ; les nobles hardiesses d'un auteur semblent des folies ; l'enthousiasme
voit son élan brisé ; l'inspiration est vio
lemment ramenée à terre ; l'ange n'a plus
d'ailes ; l'homme de génie devient un ex-
travagant ou un crétin ; la divine statue

est précipitée de son piédestal et traînée dans la boue.

Bien plus, s'il s'agit d'un ouvrage nouveau entendu pour la première fois, le public n'ayant aucun point de comparaison antérieure, est dans l'impossibilité de reconnaître les ravages exercés par cet orchestre détestable et de découvrir les sottises, les fautes, les crimes qu'il commet. L'auteur, — un homme souvent d'un véritable talent, — est injustement accusé, il devient la victime, son œuvre est méconnue, quand, en réalité, le vrai coupable est précisément cet agent instrumental impuissant, infidèle, grossier ou inepte.

Si un simple accompagnement suffit pour donner à certaines mélodies, avec le relief et le coloris, la plus suave expression, combien un orchestre défectueux ou insuffisant fait perdre de leur meilleure valeur aux plus belles œuvres?

Les bons chanteurs deviendront la conséquence du bon orchestre. Jamais le plus remarquable chanteur ne pourra y suppléer, ni exercer une influence analogue.

Il est inutile d'insister davantage sur l'effet merveilleux et sur le rôle souverain de l'orchestre qui donne la vie,

l'éclat au chant, transporte, charme, émeut
et passionne — C'est un fait suffisamment
avéré et reconnu. — De là donc, la nécessité absolue, l'importance extrême de posséder ces ressources éblouissantes, de
disposer de ces éléments éloquents, et de
maintenir au milieu de nous, par tous les
moyens en notre pouvoir, ces dignes et
indispensables interprètes du grand art
lyrique.

Mais, le bon orchestre ne s'improvise
pas du jour au lendemain. Une fois dé-
sorganisé, amoindri ou dissous, il faut
de longs jours pour le reconstituer, et ce
n'est qu'avec bien des peines, des soins,
des efforts persévérants qu'on parvient à
assouplir les parties si diverses qui le
composent, qu'on peut les rendre homo-
gènes, expérimentées, et qu'on réussit à
les faire se fondre dans un ensemble re-
tentissant et harmonieux, doux et fort,
riche d'accents pénétrants et de nuances
délicates.

De même que la grande musique et le
grand art lyrique ne peuvent se manifester
sans la condition première et essentielle
du bon orchestre, de même la direction
de cet orchestre a une suprême importance.

On ignore trop les nombreuses et rares
qualités que doit posséder le chef d'orchestre pour remplir dignement sa mission.— N'est pas chef d'orchestre qui veut.
— A l'intelligence, à l'habileté, à la meilleure instruction théorique et pratique, à
l'agilité, la vivacité, la souplesse, la vi-
gueur, à la volonté énergique, à l'autorité
communicative, il doit joindre le sentiment
vrai et profond, l'instinct juste du style
et des traductions d'un auteur, la sponta-
néité, la prévoyance, la mémoire, la présence d'esprit à toute épreuve, l'entente
parfaite des nuances et des mouvements
divers. Il doit avoir le coup d'œil rapide
et sûr pour embrasser instantanément les
détails compliqués de la partition, l'ouïe in-
faillible pour en découvrir les moindres er-
reurs, la parole nette et concise pour rele-
ver les fautes pendant les répétitions, etc.,
etc. Il est le *Deus ex machina* de la situa-
tion, le dispensateur de ces accents si va-
riés, le régulateur de ces doux murmures
où de ces bruits puissants ; il devient
l'âme de ce monde sonore.

Si toutes les parties concordent entre
elles pour aboutir à un bel ensemble ou à
une explosion grandiose, c'est à lui qu'on
le doit. L'influence heureuse ou défavo-

rable qu'il exerce est extrême. La moindre défaillance, le moindre oubli de sa part, et aussitôt tout s'en ressent, tout est compromis. Pour émotionner, pour faire comprendre et ressentir, il faut être ému, comprendre, ressentir soi-même. Alors le sentiment et l'émotion du chef d'orchestre se communiquent à ceux qu'il dirige. Sa flamme intérieure les échauffe, sa force d'impulsion les entraîne, son enthousiasme les transporte. Il est le centre d'où se répandent les rayons, il devient le foyer ardent qui projète au loin la chaleur, les lueurs éblouissantes et les irradiations de l'art.

Si, au contraire, le chef d'orchestre n'a ni conviction, ni autorité, ni talent, le lien invisible est rompu; la faculté de transmettre, le sentiment n'existe plus, et, par suite, le pouvoir, l'action directrice échappent complètement.

Aussi appelons-nous à l'avance toute l'attention de la commission sur la gravité de sa décision, et sur le choix délicat et difficile qu'elle aura à faire en cette occurrence.

II

L'insuffisant et le provisoire n'ont jamais produit rien qui vaille. Avec le système actuel, tout serait à recommencer chaque année. Ne nous imposons pas une tâche impossible à remplir. Déjà on peut se rendre un compte exact du résultat pitoyable obtenu par le démembrement de notre orchestre théâtral. Nous n'avons plus, en dehors de quelques rares chefs de pupitre, que des instrumentistes de passage, et bientôt nous n'aurons que ceux dont les autres villes ne voudront pas. Quand il s'agit de remplir les vides par trop considérables et de faire des engagements pour l'orchestre, les artistes les repoussent avec une prudente et touchante unanimité. En effet, sans garantie aucune, — non seulement d'avenir, mais même d'un payement mensuel, — à la merci des opérations éventuelles et de la réussite problématique d'une entreprise théâtrale, quels sont ceux qui, ayant un vrai mérite, ne chercheront pas, partout ailleurs plutôt qu'ici, à s'employer et à utiliser leurs aptitudes ?

A la fin de différentes campagnes, n'avons-nous pas assisté à un spectacle lamentable ? Par suite des mauvaises affaires du directeur, les artistes ont été les victimes du déficit. Les appointements des musiciens de l'orchestre et des pauvres choristes sont extrêmement réduits ; aussi quand surviennent de tels désastres, c'est sur eux que le coup frappe le plus cruellement. Nous en avons connu qui se trouvaient dans une pénurie complète : ils manquaient littéralement de pain. Après un travail pénible, un labeur de chaque jour pendant plusieurs mois, ils recevaient un prorata dérisoire de quelques francs. Nos conseillers municipaux, l'honorabilité, la droiture même, avaient, — bien involontairement sans doute, — contribué à l'accomplissement de ces faits si regrettables, et cela, à cause précisément de cette subvention votée, distribuée et employée dans de déplorables conditions, car elle devient pour de malheureux artistes l'appât trompeur de leurs engagements.

Il est donc urgent, il est on ne peut plus désirable, que de telles circonstances ne se représentent plus et ces raisons nous paraissent encore concluantes en faveur de l'orchestre et de chœurs permanents et garantis par la ville elle-même.

Que de ressources, que de jouissances artistiques ne se créerait-elle pas ainsi !

Des musiciens de talent résideraient dans
notre ville. Ils tiendraient à honneur de
faire partie de l'orchestre municipal. Ils
propageraient les préceptes, le goût de l'art.

Mais ne manquera-t-on pas de dire, aucune
direction ne consentirait à être mise ainsi en
tutelle. — C'est la principale objection. —
Elle ne nous paraît pas sérieuse. L'action du
directeur ne serait aucunement entravée
dans les détails de son administration.
Comme la nature qui n'a aucun souci de
l'individu, mais qui se montre pleine
d'une admirable prévoyance pour la conser-
vation de l'espèce, la ville exigerait que son
institution fut scrupuleusement respectée,
tout en laissant au directeur la libre faculté
de renvoyer l'artiste insuffisant ou rebelle.
Sans doute, on n'aurait que fort rarement
l'occasion de recourir à de pareilles extré-
mités, car le directeur serait intéressé à
conserver le bon instrumentiste et celui-ci
aurait tout avantage à remplir ses fonctions
avec zèle et conscience. Les amendes en
usage, ou retenues pécuniaires, devien-
draient efficaces, puisqu'elles pourraient
être réelles.

A moins de se plaire aux exhibitions les

plus triviales et d'être satisfait d'entendre des boîtes à musique, Nantes doit forcément avoir une subvention théâtrale. En effet, nous ne pouvons supposer qu'elle veuille déchoir à ce point de son rang de ville lettrée et libérale.

Beaucoup d'autres municipalités ont voulu renoncer à cette subvention, mais, en voyant ce que produisait l'abandon des intérêts artistiques, elles n'ont pas tardé à y revenir, et avec des chiffres bien plus élevés que ceux accordés précédemment, car la concurrence due à la liberté des théâtres porte un coup funeste aux scènes qui ont particulièrement l'*art pour but* et obligent la cité à de plus grands sacrifices pour leur venir en aide.

III

Nous avons examiné longuement les résultats de l'orchestre bon ou mauvais. Avec une subvention appliquée dans les termes nouveaux que nous désirons, on aurait les splendeurs du premier orchestre dont nous avons parlé, tandis que sans elle on serait condamné tout simplement à entendre le mauvais. En effet, quelle est la direction théâtrale non subventionnée, — et par conséquent échappant à tout contrôle, n'étant soumise à aucune exigence, — qui consentirait jamais à s'imposer les charges si lourdes, si onéreuses, d'un orchestre *complet* ? — Et alors que deviendrait l'art parmi nous ? — Il y a des gens, il est vrai, qui s'en préoccupent fort peu. Mais laissons de côté ces esprits vulgaires, sans ambition, sans aspirations, et poursuivons un plus noble idéal.

Les exigences du commerce et ceux de l'art ne sont pas les mêmes. Le commerce a besoin incontestablement de liberté pour s'étendre et prospérer. L'histoire et les nombreuses mésaventures de l'art prouvent que c'est seulement *avec* et *sous* une protection effective qu'il peut vivre et progresser. — Le grand art musical pur et élevé entraîne au théâtre des frais considérables, et il n'est pas possible de l'y propager sans cette protection puissante, sans un contrôle sévère et sans d'importants subsides. — Quand les institutions et les individus demandent à grands cris une liberté qu'ils ne peuvent obtenir, même sous la République, il est curieux, toutefois, qu'on l'accorde avec tant d'empressement à l'art théâtral qui ne la demandait pas et qui s'en accommode si mal. Il est certain que la concurrence n'a pas été, pour cet art, un stimulant éminemment utile et fécond.

Ce n'est cependant pas un monopole que nous réclamons. Nous voulons seulement qu'en dehors des scènes irrégulièrement exploitées en quelque sorte et des cafés-chantant, il y ait des théâtres où les règles du goût soient rigoureusement imposées par une intervention éclairée.

Comment doit-on procéder ici pour obtenir des résultats conformes à ces règles et aux légitimes exigences du public ?

La ville, — tout en faisant bénéficier un directeur de la présence d'un orchestre et de chœurs complètement organisés, —

sauvegarderait les intérêts de l'art en ce qui concerne du moins la bonne exécution instrumentale et chorale des grands ouvrages. De plus, elle se réserverait, dans des circonstances données, la libre disposition de ses chœurs et de son orchestre, car n'est-il pas singulier qu'aucune solennité artistique ayant un caractère municipal ne puisse avoir lieu parmi nous sans l'autorisation du directeur ?

Il est bien entendu que le personnel des chœurs et de l'orchestre dépendrait entièrement du directeur pour tout ce qui concerne le service du théâtre. Mais une commission spéciale serait nommée par le Conseil pour surveiller et assurer la stricte exécution des engagements réciproques. Cette commission, répétons-le, ne s'immiscerait en aucune façon dans les détails de l'administration. Elle aurait surtout pour mission de contraindre le directeur à donner à la ville, en échange de ses subsides, une troupe complète dans tous les genres exigés par son contrat, et, pour cela, il faudrait que la commission eût le droit de faire opérer sur la subvention une retenue, quand un emploi ne serait pas rempli ou qu'un genre ne serait pas exploité.

Que la ville fasse grandement les choses, mais qu'elle les fasse en imposant à l'administration théâtrale un contrôle rigoureux et efficace.

IV

Il serait bon de tenir compte des facilités avec lesquelles, — maintenant et de tous les points de la France, — les artistes peuvent se déplacer et se réunir en troupes nomades pour donner dans une ville des représentations scéniques, profitables en même temps à l'art et à une exploitation théâtrale.

C'est encore l'orchestre et les chœurs à poste fixe qui rendraient réalisables ces entreprises et pourraient leur assurer le succès.

Mais, dans ce cas, l'existence d'un vaste local est indispensable, et cela nous amène naturellement à parler du théâtre de la Renaissance.

Il faut un très grand nombre de spectateurs pour produire les recettes destinées à couvrir les engagements et les frais considérables qu'occasionnent ces solennités musicales. Or, la salle Graslin, — beaucoup trop exiguë, — ne saurait donner accès à la foule absolument nécessaire en pareille circonstance.

L'autorité supérieure ferait donc sagement de ratifier au plus tôt l'achat, à un prix si réduit, du théâtre de la Renaissance, auquel on a immanquablement recours toutes les fois qu'il s'agit de réunir un public assez nombreux pour faire face aux frais de quelque grande représentation.

Non seulement à Nantes deux théâtres ne sont pas de trop, mais pour qu'ils ne se portent pas préjudice par une concurrence réciproque, — comme cela est arrivé si souvent, et arriverait encore, — il convient qu'ils appartiennent à la ville afin qu'elle puisse en accorder la jouissance gratuite au même directeur. Sans cette prudente mesure, l'exploitation théâtrale serait pleine de dangers, et on lui préparerait sûrement de nouveaux désastres.

On ira peut-être jusqu'à prévoir le cas d'une vente de l'édifice de la place Brancas à un spéculateur qui le démolirait ou bien en changerait la destination. La concurrence disparaîtrait alors, mais la ville n'aurait plus qu'un théâtre.

Ce serait infiniment regrettable. Avec la pauvre petite salle Graslin, tout grand spectacle extraordinaire deviendrait impossible. Il n'y aurait plus de concert Ullman, ni aucune imposante manifestation lyrique. Nantes, malgré son rang de

première cité, serait assimilée aux villes
inférieures, moins favorisées, qui, — faute
d'un local assez spacieux à offrir à ces
intéressantes réunions d'artistes éminents
et de talents éprouvés, — se voient pri-
vées de les entendre. C'est ce qui est
arrivé à Toulouse tout dernièrement quand
il a été question, à son théâtre, des représentations projetées de Christine Nilsson.

L'importante acquisition de la Renaissance, avait été décidée l'année dernière;
nous espérons que l'administration préfec-
torale n'hésitera pas à la ratifier aujour-
d'hui.

C'est encore le théâtre de la Renaissance qui, seul, pourra donner un asile
au Conservatoire de Musique.

La ville n'est pas riche en immeubles
communaux. Elle n'a pas de local convenable et suffisant à offrir au Conservatoire.
Cependant, il lui en faut un absolument.

Par suite de l'accaparement inattendu et
fort arbitraire de son ancien local affecté
tout à coup à un autre usage, il n'est resté
à l'enseignement de Musique *qu'une seule
salle.* Sous peine de le rendre improduc-
tif, inutile, sans essor, sans progrès possible, il ne saurait être relégué, confiné,
perché plus longtemps, au troisième éta-

ge de la maison communale, rue du Mou-
in, n° 48.

N'oublions pas que Nantes, — grâce au
zèle persévérant, au dévouement infati-
gable, aux nombreux sacrifices du très
honorable directeur, M. Bressler, — a
obtenu d'être l'une des rares succursales
du Conservatoire de Paris. C'est un titre
que revendiquent d'autres villes, et dont
elles se montreraient fières.

L'une des succursales du Conservatoire
de Paris n'ayant plus qu'une seule Chambre pour se manifester, juste au moment
où l'on en veut deux à Versailles ! — Quelle
misère ! Quelle véritable honte ! — Cela
rappelle assez les Mémoires d'un Paveur,
en chambre, publiés par le *Tintamarre*.

Pour être très exact, disons, toutefois,
que cette chambre unique a été divisée en
deux parties par une mince cloison qui
n'empêche pas le mélange des sons. Les
cours s'y font forcément aux mêmes ins-
tants et il en résulte une cacophonie qui
les rend impraticables.

Toute la partie du théâtre de la Renaissance donnant sur la rue Menou, avec quelques appropriations peu coûteuses, pourrait
être facilement mise à la disposition du
Conservatoire, et cela sans détruire ou mo-

difier en quoi que ce soit les emménage-
ments des services essentiels du théâtre ou
du cirque, si un cirque devait passagère-
ment s'y produire. Le Conservatoire aurait
son entrée particulière, indépendante ; toutes les convenances seraient ainsi observées.
Alors la salle de la rue du Moulin deviendrait libre et il y aurait pour la ville un
parti plus sérieux à tirer de l'ensemble d'un
local où l'on ne saurait laisser subsister
tant de services divers qui y sont mal ins-
tallés.

Avec ce local spécial, bien situé, l'Ecole
mise en vue, à la connaissance de tous, re-
cevant enfin la publicité et les cours indispensables qu'elle réclame à bon droit depuis tant d'années, deviendrait brillante,
prospère, digne de sa mission et d'une ville
de premier ordre.

Ces cours complémentaires seraient pro-
fessés par les chefs de pupitre ou les prin-
cipaux solistes de l'orchestre municipal.
On inscrirait cette clause dans leurs
engagements et, moyennant une modeste
augmentation de leurs appointements, on
s'assurerait aisément leur concours. La
ville obtiendrait ainsi les nombreuses classes instrumentales qu'il est si nécessaire de
fonder et qui, sans cette combinaison de

l'orchestre organisé et payé par elle, seraient fort difficiles et onéreuses à posséder.

Alors, les inscriptions des élèves devien-
draient considérables, les aptitudes se ré-
véleraient trouvant à se développer par l'é-
tude et à s'utiliser plus tard, l'instruction
musicale se répandrait dans notre ville et
ne tarderait pas à y devenir familière.

Que d'avantages il en ressortirait au
double point de vue des intérêts intellec-
tuels et matériels de Nantes !

Dans ces conditions si enviables, le Conservatoire offrirait des ressources dont on
n'a pas idée. Il deviendrait une sorte de
pépinière de jeunes talents. L'orchestre y
recruterait des exécutants, les masses
chorales un supplément précieux dans
l'interprétation des grands ouvrages lyriques.

Les classes réglementaires exigées par
les statuts étant constituées, on aurait
encore droit aux trois mille francs accordés par le budget général du ministère des
Beaux-Arts aux excellentes institutions
érigées en succursales du Conservatoire de
Paris. Ce serait une nouvelle richesse qui
permettrait bien d'autres améliorations et
progrès.

V

Au lieu de ces beaux résultats faciles à réaliser, qu'avons-nous présentement ? Un déplorable provisoire.

En vérité, mieux vaudrait supprimer une bonne fois le Conservatoire que de le protéger si mal. — Combien de temps encore sera-t-il laissé dans ce triste et honteux abandon ? — Cette absence de local, ces cours incomplets, ces subsides reconnus insuffisants, le mettent dans l'impossibilité matérielle de produire quoi que ce soit de bon et de sérieux et ce serait faire acte d'administration par trop imprévoyante et apathique que de persister à se contenter indéfiniment de si peu, quand on pourrait tant avoir. Malgré tous nos efforts, nous n'avons jamais réussi à appeler quelque peu l'attention de nos conseillers sur ces faits humiliants. Ce n'est pourtant pas en laissant subsister les choses mauvaises, qu'on a quelque chance de les voir s'améliorer.

Le Conservatoire, largement organisé, fera conquérir l'indépendance qui permet d'exécuter toute espèce de musique et de connaître les chefs-d'œuvre des diverses branches de l'art. C'est encore lui qui accroîtra le nombre des esprits amoureux du Beau et jettera dans notre sol des semences fécondes qui rapporteront pour nous, un jour, des fruits précieux.

Seulement, plus d'atermoiement, plus de demi-mesure ? Il faut que, sans lésinerie aucune, notre Ecole de Musique reçoive enfin un développement complet.

Cette question du Conservatoire est complexe et nous l'avons traitée, ici même, maintes fois. A ce sujet, il convient d'ajouter sommairement que l'Orphéon Nantais n'a pas de raison de faire bande à part et qu'il devrait être annexé au Conservatoire dont il deviendrait la classe d'ensemble choral. L'Ecole lui fournirait des chanteurs et des élèves réellement instruits, tout en lui laissant sa libre allure et la faculté de chanter où bon semblerait. Il y aurait là une notable économie et une application plus profitable du crédit alloué.

Mais ces nombreux détails sur lesquels nous voudrions tant insister nous entraîneraient trop loin et il nous faut revenir à l'Orchestre et aux Chœurs municipaux.

L'idée ne date pas d'hier. Elle fut souvent proposée, mais n'a jamais été mise à exécution. Rappelons que Victor Mangin père l'a présentée pour la première fois, il y a trente ans. A propos du Théâtre et du Conservatoire, il conseillait à la ville de payer les Chœurs et l'Orchestre du Théâtre, et de les rattacher au Conservatoire.

L'abandon de l'art ne peut continuer à être décrété ainsi parmi nous.

De la bonne solution donnée à la question théatrâle dépend certainement l'avenir musical de notre ville.

Malheureusement on ne tente rien. On veut maintenir toujours les traditions caduques d'un cahier des charges imposé il y a une éternité et qui n'est pas même exécuté. — On n'y veut rien changer. — C'est l'arche sainte à laquelle on ne doit pas toucher. — On reste dans l'ornière, quand il faudrait en sortir à tout prix et entrer dans une voie nouvelle.

La routine est une triste conseillère. Les circonstances sont autres, les temps ont changé, et, ne tenir aucun compte des tendances de l'esprit nouveau, c'est évidemment faire fausse route et s'exposer à l'erreur.

VI

Parmi plusieurs abus qui pourraient être signalés, il en est un sur lequel nous croyons à propos d'appeler plus particulièrement l'attention. Disons donc que, depuis plusieurs années, on néglige de faire exécuter une clause de ce fameux cahier des charges. Nous pensons qu'elle existe toujours. Elle avait pour but de doter la bibliothèque du théâtre de tous les ouvrages nouveaux représentés sur la scène Graslin.

A cet effet, le directeur devait laisser aux archives pour mille à douze cents francs de musique, qui devenait la propriété de la ville. Nous sommes certain que cette clause est tombée en désuétude. C'était ainsi qu'autrefois les directeurs trouvaient, sans aucun frais, toutes les ressources nécessaires pour reprendre les ouvrages qui avaient eu du succès.

Cette mesure avait encore l'avantage de laisser au théâtre une musique *neuve*, corrigée avec soin et appropriée au personnel, ce qui en facilitait la bonne exécution et économisait le temps avec lequel il faut tellement compter, et dont les directeurs sont toujours avares, quand il s'agit de la reprise d'un ouvrage connu.

Maintenant, on donne aux artistes une musique *de location* ayant déjà servi dans bien des villes souvent moins importantes que la nôtre. De là, des coupures à l'infini, de mauvaises corrections, des pages déchirées ou absentes, enfin une musique mutilée, presque injouable ; et il faut monter la pièce en toute hâte, avec une ou deux répétitions, tandis qu'à la création on en a eu cinq ou six, et plus, selon l'importance de l'œuvre. Tout le zèle et toute la bonne volonté du chef et des instrumentistes ne peuvent pallier ces inconvénients, et l'interprétation de la reprise est naturellement fort inférieure à celle de la création.

Nous maintenons que les directeurs, en sollicitant la suppression ou la non-exécution de cette clause, ont mal compris leurs véritables intérêts. Ils devraient s'estimer heureux de trouver sous la main tout ce qui peut venir en aide à leur entreprise, mais ils ne veulent pas suivre l'exemple de leurs prédécesseurs en apportant à leur tour la modeste pierre à l'édifice commun. Bien au contraire, ils cherchent.

à susciter tous les [embarras possibles à
ceux qui viendront après eux. C'est une
faiblesse humaine qu'il faut leur pardon-
ner, mais contre laquelle il est bon de se
prémunir, en ne prenant pas trop au sérieux les plaintes de ces messieurs.

On ne doit pas perdre de vue que c'est
grâce à ces sages mesures que le théâtre
se trouvera enrichi d'une bibliothèque
complète, tant en musique qu'en brochures
dans tous les genres.

Il y aurait encore bien à dire sur ce sujet, mais ces détails sont du domaine de
la surveillance administrative et il sera
temps d'y revenir plus tard.

[Nous luttons, nous le savons, contre une
résistance bien puissante : l'indifférence
en matière d'art. Elle est presque générale.
Le sens artistique semble faire défaut à
notre époque positive. Le goût se pervertit
visiblement en France. La prédilection pour
le genre trivial et malsain tend à dominer.
L'exemple est venu de haut. Il a été donné
sans pudeur par les premiers personnages
de l'Empire. La *furia* Théresa, Offenbach,
Hervé et *tutti quanti* date de cette époque
funeste. Ceux qui nous gouvernaient se
préoccupaient infiniment plus de la hau-

teur d'un schako ou d'une nouvelle disposition de boutons de guêtre que des questions artistiques. On sait ce que nous a valu cette prétendue besogne militaire, agréablement mitigée de refrains saugrenus.

VII

Certains économistes transcendants n'admettent pas, en théorie, la subvention théâtrale par la raison que la dépense est seulement faite pour le plaisir de quelques-uns. A ce compte là, rien ne serait plus possible et il faudrait supprimer les musées, le jardin des plantes, même l'éclairage de nos rues, sous prétexte que beaucoup de gens n'y tiennent pas, qu'ils n'y vont pas, ou qu'ils ne sortent jamais le soir. Non, en pareil cas, c'est l'intérêt dominant qu'il faut considérer. Or, sous peine de revenir aux pays sauvages et aux temps barbares, l'art musical dont le principe existe au foyer même des mouvements de la vie et des passions, l'art qui fait mieux penser et plus noblement sentir, l'art rayonnant, immortel, jeune et beau, est indispensable et doit être protégé.

Aux esprits sans enthousiasme, aux intelligences chagrines aux cœurs fermés qui diront : « A quoi bon s'occuper tant de musique ? Il est si facile de s'en passer et on vit fort bien sans elle ! » Nous répondrons : — matériellement, physique·

ment, oui sans doute ; — intellectuelle-
ment, psychologiquement, non, cent fois
non !

L'homme n'est pas que matière. Il est
aussi cœur, esprit, intelligence. Les be-
soins de son âme sont aussi impérieux que
ceux de son corps. Il ne s'agit pas seulement de s'occuper de ses intérêts matériels,
il faut s'inquiéter aussi de ce qui doit développer en lui le sentiment de sa dignité
et fortifier l'énergie de son caractère. Il
ne suffit pas de compter par chiffres et de
s'efforcer toujours de réaliser quelques éco-
nomies sur les articles d'un budget, il faut
lire encore dans le repli des consciences
et calculer soigneusement la diminution
ou l'augmentation des *recettes morales*.

Si l'art ne doit pas être protégé, soyez
logiques ! Fermez les écoles ! N'instruisez
pas ! — Tout se tient. — Dès qu'on ne
veut pas enseigner le *beau*, pourquoi continuer à enseigner le *vrai* ? Rappelons-nous
cette grande parole de Victor Cousin :
« *Le beau, c'est la splendeur du vrai !* »

On est généralement convaincu que la
géographie, l'histoire, les mathématiques,
le *latin même*, peuvent servir à quelque
chose. Mais quant à la musique, son uti-
lité n'est pas aussi généralement admise.

— Et cependant elle fait naître l'enthousiasme, les élans généreux, elle inspire le
dévouement et l'héroisme, elle charme, elle
émeut. — Ne craint-on pas qu'en mettant
obstacle à de telles aspirations, on n'en-
trave l'avènement d'une génération meilleure que la nôtre ?

Rattachons-nous à tout élément qui peut
unir et nous inspirer des affections mu-
tuelles. Or, la musique a une grande puissance pour engendrer la sympathie entre
tous. Comme les instruments qui s'accor-
dent sur une note unique pour avoir un
orchestre juste, c'est dans l'audition des
pages immortelles des grands maîtres, c'est
dans une admiration ressentie en commun
que les sentiments s'épurent et s'accor-
dent.

Si nous étions l'Etat, c'est par millions
que nous accorderions à l'art une protection efficace et puissante. Il y aurait des
théâtres splendides, en quelque sorte gra-
tuits, où les plus merveilleux chanteurs,
les plus excellents instrumentistes inter-
prêteraient toute œuvre d'auteur nouveau
digne d'être connu du public. — C'est
ainsi que nous saurions adoucir les mœurs,
épurer les esprits, élever le niveau intellectuel dans notre pays. — Ce serait no-

-tre politique à nous : Celle du *Bien*, du *Vrai* et du *Beau*.

Sans attendre la réalisation de ce rêve , insistons sur la nécesssité d'avoir des masses instrumentales bien organisées et permanentes. Ces masses donneraient naissance aux Concerts de musique populaire et feraient renaître les très remarquables et très intéressantes auditions de l'Association Philharmonique. Nous y verrions un remède au relâchement chaque jour plus croissant du lien de cité, une distraction salutaire et un enseignement pour les citoyens.

A force de revenir sur ces vérités méconnues et de les répéter, peut-être finiront-elles par être mieux appréciées.

Persisterons-nous à n'avoir aucune initiative et à rester dans un état de complète infériorité par rapport aux villes mieux inspirées ?

Non ! ce qui n'a jamais pu être obtenu sous aucun gouvernement précédent, ce qui n'a jamais été accordé par aucun pouvoir, la République, comme nous l'aimons et comme elle va exister. c'est-à-dire avec le progrès, la justice et la grandeur, la République nous le donnera. Elle n'exclut pas le culte de l'art. Elle ne décrétera pas l'anéantissement des nobles délassements de l'intelligence. Elle a des sentiments plus généreux, de plus hautes aspirations, et, en lui prêtant ces vues étroites et ces misérables restrictions, on la méconnaît et on la calomnie.

———

VIII

Quelle riche subvention ne serait-ce pas
que cet orchestre et ces chœurs unis au
don gratuit des deux salles Graslin et de
la Renaissance, de l'éclairage et du peintre
décorateur aux frais de la ville ? Jamais
plus grandes largesses n'auront été faites.
— Que de somptuosités ! — Cela est si
beau qu'on n'ose à peine y croire.
— C'est la République qui est appelée à
inaugurer cette ère de magnificences et de
splendeurs artistiques. — Dans de telles
conditions, il est impossible qu'un directeur, tant soit peu intelligent et actif, ne
réalise pas de brillants bénéfices, tout en
donnant la plus ample satisfaction aux légitimes exigences du grand art lyrique.

L'économie faite par la suppression de
la subvention théâtrale n'a profité à personne. Nul n'en a ressenti les heureux
effets. Par contre, tout le monde s'est
aperçu que Nantes, l'une des principales
grandes villes de France, n'avait pas plus
de représentation lyrique que d'orchestre,
ou ce qui restait de ce dernier était, certes, la chose la plus misérable et la plus
honteuse. C'est l'organisation large, complète, sans parcimonie aucune, de cet orchestre et des masses chorales, qui rendra

praticable l'exploitation du grand répertoire dramatique dont une ville de cette
importance ne saurait être privée plus
longtemps.

La triste expérience de la non-subven-
tion théâtrale n'a que trop duré. Elle est
concluante. Le résultat est pitoyable.

Aujourd'hui, il faut forcément revenir à
cette subvention indispensable au point de
vue des nobles intérêts de l'art et des
éléments incontestables et précieux d'instruction, de luxe utile et de supériorité
d'une grande cité.

Ne nous lassons donc pas de répéter :
— Aimez, protégez, propagez l'art autant
que possible, à tout prix et de tout votre
pouvoir ! — Il n'en peut résulter que le
bien.

Nous sommes confiants dans l'appel que
nous adressons à nos Conseillers républi-
cains. Ils tiendront à honneur de faciliter,
de rendre accessible, populaire le plus intelligent de tous les plaisirs, et, animés du
sentiment de l'importance de l'art, de son
influence profitable et heureuse à tant de
titres, ils n'hésiteront pas plus longtemps
à lui donner les grandes et légitimes satis-
factions qu'il réclame.

ÉDOUARD GARNIER.

www.ingramcontent.com/pod-product-compliance
Lightning Source LLC
LaVergne TN
LVHW022147080426
835511LV00008B/1297